"Cinco tutoriales básicos para Adobe Photoshop"

Todos los derechos reservados.

Nansy Diliyanova © 2012 © "Cinco tutoriales básicos para Adobe Photoshop"

Lecciones sobre el programa no oficiales. Los derechos del programa pertenecen a Adobe.

Las fotografías utilizadas para los ejemplos le pertenecen a sus respectivos autores.

"Cinco tutoriales básicos para Adobe Photoshop"

Dedicado a todos estos que nunca supieron de photoshop y a todos estos que siempre quisieron saber. Y a mi familia. ¡Se os quiere!

"Cinco tutoriales básicos para Adobe Photoshop"

Índice de contenidos

---

0. **Introducción** – Página 6

1. **Herramientas** – Página 9
1.1 Selección
1.2 Recortar
1.3 Color
1.4 Pinceles
1.5 Spot Healing Brush
1.6 Tampón de clonar
1.7 Relleno de color y relleno de gradiente
1.8 Goma de borrar
1.9 Pincel difuminar
1.10 Pincel saturar, desaturar, aclarecer y oscurecer
1.11 Pluma
1.12 Texto

"Cinco tutoriales básicos para Adobe Photoshop"

2. Blending options (Opciones de fusión) – Página 25

2.1 Transparencia
2.2 Sombra exterior
2.3 Sombra interior
2.4 Brillo exterior
2.5 Brillo interior
2.6 Bisel y relieve
2.7 Satinar
2.8 Color por encima
2.9 Gradiente por encima
2.10 Patente por encima
2.11 Trazo exterior
2.12 Modo de fusión

3. Filtros – Página 39

3.1 Artísticos
3.2 Difuminar
3.3 Distorsionar
3.4 Ruido
3.5 Pixelar
3.6 Render

3.7 Acentuar
3.8 Estilizar
3.9 Otros

4. Ajustes: Capas y máscaras – Página 67
4.1 Capas
4.2 Niveles
4.3 Color y saturación
4.4 Blanco y negro
4.5 Mezclador de canales
4.6 Color selectivo

5. Creación de pinceles, patentes y gradientes – Página 77
5.1 Pinceles
5.2 Motivos
5.3 Gradientes

6. Conclusión – Página 82

"Cinco tutoriales básicos para Adobe Photoshop"

Introducción

Hay muchos tipos de programas de edición de imágenes, de los de distribución gratuita como Gimp (y otros menores como Photoscape), los con un tiempo de prueba como Adobe Photoshop y Paint Shop Pro y hasta programas en línea, como es Pixlr. Pero en esta recopilación de cinco tutoriales básicos trataré sobre el programa creado por Adobe, utilizando como punto de partida su versión CS4. La mayoría de las opciones existen tanto en versiones anteriores como en posteriores. La versión que suelo recomendar del programa es Adobe Photoshop CS2 Extended, pero he de admitir que desde que manejo a Adobe Photoshop CS4 Extended me siento mucho más cómoda, visto sobre todo del punto de lo práctico a la hora de seleccionar. He de confesar que también para la creación de estos tutoriales fue utilizado también "Adobe Photoshop CS6".

"Cinco tutoriales básicos para Adobe Photoshop"

Me complace poder crear estos tutoriales acerca de la utilización de este programa por la simple razón de que sé que serán de ayuda (o al menos es lo que espero que pase) y en fin, si estás leyendo esto es que los habrás comprado y siento que hayas tenido que hacerlo para acceder a ellos. Y no puedo adelantar al futuro, pero espero que algún día pueda dejar estos tutoriales de libre distribución y gratis, para que todos los que tengan ganas de aprender tengan también los recursos sin necesitar tal cosa como el dinero.

En fin, a lo que iba. Aquí procuraré explicar lo básico de photoshop, con lo que debería empezarse para poder crear aquellos magníficos fotomontajes que aparecen por la red. No se puede construir una casa sin tener antes los cimientos y el esqueleto, al igual que no pueden hacerse grandes fotomontajes sin saber para qué sirven las herramientas del programa. Igual podrían llegar a conseguir algo experimentando,

"Cinco tutoriales básicos para Adobe Photoshop"

y es muy buena manera, pero a veces experimentando puede crearse un pequeño problema y puede resultar de difícil solución.

1. Herramientas

Lo principal de photoshop es saber utilizar sus herramientas y lo que consiguen y pueden hacer. Es por lo general fácil utilizarlas, simplemente debes saber cómo. Con ellas puedes recortar, pegar (a puñetazos no, sino como si utilizases pegamento... sin el pegamento), seleccionar una región y eliminarla o simplemente sustituirla. Sin conocer más que un par de herramientas se puede hacer desaparecer un objeto cualquiera de una foto y de una manera bastante efectiva y sin que apenas se note (y dependiendo de la foto sin siquiera una mínima huella de que haya existido tal cosa en el lugar donde se sustituyó). Y realmente se pueden hacer muchísimas cosas más. Si pudiese elegir una sería dibujar, no es fácil pero es más sencillo que en la vida real, y más barato, desde luego, ya que no compras lienzos ni pinturas, ni después quitamanchas y demás cosas que se necesitan para esta afición. Claro que, con lo que cuesta el programa, pero es mucho más limpio y con un margen de error mucho más pequeño.

A la derecha podemos observar el panel de herramientas, pueden verse así o en una fila nada más, según las preferencias de cada cual. Pueden apreciarse tres herramientas de selección, una de recorte, otra de captura de color y pinceles varios que tienen funciones tanto semejantes como increíblemente diferentes. Comenzaré a describir las funciones de cada una de ellas a continuación según el orden indicado en el índice de un par de páginas antes.

Pero antes de comenzar con ellas voy a explicar cómo crear un documento nuevo. Es realmente un proceso muy simple, sólo tenemos que ir a "Archivo" y "Nuevo documento", ahí ya elegimos el tamaño que queramos que tenga, mientras más grande más pesado, pero también con más detalles. Y siempre se puede bajar el tamaño, pero aumentarlo no suele ser tan fácil porque principalmente se pierde calidad y se difumina, dejando a la vista píxeles que sobran.

1.1 Selección

Son la primera y las dos de debajo de ella, es decir, el rectángulo pintado con puntitos discontinuos, la varita mágica y la cosa que se parece a un lazo. Nos podemos fijar que las tres opciones tienen como unas flechitas en sus esquinas Esto quiere decir que tienen más opciones, las cuales voy a enumerar.

En la herramienta del rectángulo aparece también una manera de seleccionar con forma de elipse. Es muy útil a la hora de aplicar sombras y parecidos a objetos redondeados.

En el lugar en el que encontramos al lazo se abren también varias posibilidades, obviamente, y son para ser exactos, tres, el lazo poligonal (que crea trazados con líneas rectas), lazo libre (con el que dibujas la selección que quieres) y el último es el lazo magnético (el cual sigue el trazado del objeto lo más fielmente que puede, como si de un imán se tratase).

Por último, en la varita mágica (lo gracioso es que la herramienta se llama también así) se abren dos posibilidades. Ella, que selecciona según el color y la continuidad de éste y una opción que es como el trazado libre de aquel lazo anteriormente mencionado, pero que selecciona bastante mejor y con menos posibilidades de que te equivoques.

La región que llegas a seleccionar puedes tratarla de mil maneras diferentes, recortarla, copiarla y pegarla después en el mismo u otro archivo, pintar sobre ella, aplicar un gradiente… Esto es lo más básico sobre ellas. No olvidemos que cada una de las opciones de photoshop puede llevar a infinitos caminos que jamás podrán contarse y que para cada uno tal vez serán diferentes.

1.2   Recortar

Decir que es una herramienta muy útil es como reiterarme y esto es algo insoportable, así que lo dejo insinuado (y lamento confesar que es una repetición bastante usual cuando se trata sobre las funciones del programa y de todas sus utilidades) y continúo explicando.

Cabe destacar que Adobe Photoshop fue uno de los primeros programas que crearon una herramienta de recorte tan "personalizado". Me explico, puedes definir la proporción de lo que recortas y esto es algo que facilita la vida hasta tal punto de no tener que estar durante horas recortando estos veinte píxeles demás que nos molestan para que podamos caber en la medida de lo posible en las exigencias. Si están pasando de Paint a Photoshop (un gran paso, por cierto) se darán cuenta de que esto es otro mundo. O todos los que pasan de otro tipo de programas más simples, como Gimp. Sinceramente, jamás pude aprender a trabajar bien con éste programa por la simple razón de que antes de él encontré a Adobe Photoshop.

También se puede recortar libremente sin ninguna proporción vigente, lo que es más o menos lo que se puede hacer con cualquier tipo de editor de imágenes, pero no tengo que comentar a los demás editores sino éste en especial, según especifiqué en la introducción, ¿no?

Lo que vemos a la izquierda es el icono de la herramienta.

1.3 Color

Realmente es "Captura de color" y se acciona cuando presionas la tecla "Alt" mientras estás con el pincel. Su función principal como se puede ver entre las comillas es que captura el color sobre el que lo pasas (y clickeas). Se utiliza principalmente para igualar dos tonalidades.

Su icono es el que parece un cuentagotas y es lo que personalmente me parece más identificativo, porque lo define a la perfección. Es como coger un cuentagotas de verdad y sobre el lienzo robar algo de pintura de una parte del dibujo y pegarla en otra parte. Esto es lo que también hace, sin manchar, claro. Y mucho más fácil.

1.4 Pinceles

Son lo principal, lo más de lo más, algo sin lo que el programa no sería para nada el mismo. Se utilizan para casi todo. Para arreglar cosas inconclusas con un suave toque o una pincelada, para crear objetos y en fin, son como un mini mundo dentro del mundo del photoshop.

Me refiero a, los pinceles pueden tener diversas formas (tantas como nos den la gana) y es algo que explicaré en el punto (5) [la creación de estos, claro está]. Y no sólo varía la forma, sino el tamaño, la opacidad, la manera en la que actúa y hay muchos más factores que se incluyen en las diferencias entre pincel y pincel. En la imagen misma se pueden contemplar diferentes aspectos y tamaños.

1.5 Spot Healing Brush

¿Alguna vez quisiste hacer que algo desaparezca? Pues resulta que esta es la manera de hacer que se esfume. Al menos de las fotografías. Simplemente seleccionas lo más justo posible lo que te molesta, le das a "Sustituir por aproximación" y pintas con este pincel sobre ello. Cuando acabes sueltas y ¡bam! Hiciste magia y desapareció el conejo mágico del sombrero de copa. O lo que habías seleccionado. Tan simple y tan efectivo.

Mucho mejor del pincel/tampón de clonar (del que hablaré enseguida).

1.6 Tampón de clonar

Se trata de esta herramienta que hace que los fotomontajes más currados parezcan repetidos, y claro que, si no te lo curras una milésima más y no utilizas el Spot Healing Brush (este pincel entregado por los dioses, claro está) todos tus trabajos parecerán repetidos. A no ser que sepas cómo utilizar el tampón de clonar correctamente, lo que es muy difícil en ocasiones (por eso es recomendable el pincel antes mencionado, es mucho más manejable).

Es útil para hacer desaparecer cosas pequeñas, o para copiar una parte que quieras de una manera más suavizada y menos engorrosa que con Selección – Copiar – Pegar, ya que en esta primero tendrás que seleccionar el área, después copiarlo, pegarlo y al final suavizar los bordes lo máximo posible para que se vea más real. Por ejemplo, para crear a un mutante con tres ojos serviría. O para llenarle la cara de granos a alguien que nos cae ligeramente mal o a quien simplemente queremos gastarle una pequeña broma. Un bigote y va que vuela de la emoción.

Su identificación en la imagen general de la página 6 es la del sello. Los chicos que trabajaron en ello se lo curraron bastante inventando los iconos, ¿no crees?

1.7 Relleno de color y relleno de gradiente

Normalmente viene expresado como un bote de pintura, pero también puede aparecer el rectángulo que conlleva cierto gradiente (son dos herramientas bajo el mismo cuadrante, obviamente).

El bote de pintura pinta/rellena la selección o todo a lo que llega de un mismo color. Es para que no te aburras principalmente pintando puntito a puntito con el pincel toda la imagen (se le domina lienzo a la imagen, ¿sabían? Suena raro, en todo caso). Mientras que el gradiente pues… para la sorpresa de todo el mundo, crea un gradiente. Puede ser lineal, circular y existen otros tipos. Es bastante manejable, la verdad y puede llegar a utilizarse para rellenar aquellos fondos que no quieres que queden sosos de un solo color pero que tampoco quieres recargar. Existen gradientes de dos a miles de colores (de uno no sería gradiente, claro), siempre dependiendo de lo aburrido que estás para añadir más y más colores que se quedan cada vez más apretujados en la barra de creación (cosa que se verá también en el punto sexto).

1.8 Goma de borrar

Tiene por lo general las mismas opciones que el pincel, con la simple diferencia de que

BORRA y no añade. Digamos que también podría pintar, con el color de fondo elegido y sobre una capa bloqueada. Lo gracioso de esta goma de borrar es que automáticamente recoge todos los pinceles que vamos añadiendo y después podemos utilizarlos a la hora de quitar cosas que nos sobran. Podemos modificar la transparencia y el Flow, como otras opciones también, lo que también sucede en los pinceles. Muy útil cuando no queremos borrar todo de una vez sino dejarlo con un borde suave o simplemente una huella suave.

1.9 Pincel difuminar

O "Blur brush", también tenemos al dedo mágico que hace las mezclas y aquel pincel que deja todo más... *Sharpen*. Están bajo el mismo icono y sin embargo tienen funciones diferentes. El pincel para difuminar desde luego que puede llegar a dar un toque más profesional a nuestras fotos... si sabemos dónde y cómo aplicarlo, obviamente. Por ejemplo, es bueno difuminar el fondo, así se da lo que se llama "zona desenfocada" o "fuera de foco", igual podría usarse un filtro, pero aún no hemos llegado a ellos, así que, me callo por el momento.

El de "Sharpen" es el inverso, se supone, yo nunca suelo utilizarlo pero si está ahí es porque será útil, se utiliza de la misma manera pero es menos preciso. A ver, es más fácil desenfocar que enfocar.

Y el "dedo mágico" es el mezclador de colores y suele quitar detalles, como el pincel de difuminar. Suele utilizarse también a la hora de pintar, porque muchas veces se nos pasa una pequeña región por cubrir o simplemente al intentar suavizar las sombras y las luces (vamos, dos colores diferentes o semejantes).

1.10 Pincel saturar, desaturar, aclarecer y oscurecer.

Otro conjunto de grandes pinceles bajo el mismo icono. Realmente saturar y desaturar van debajo de la misma herramienta, que es como una esponja. No os paséis con la saturación porque puede quedar muy llamativo y puede perder mucha calidad, ya saben, todo se vuelve muy como caluroso y empiezan a verse granitos sobresaturados. No se ve nada bien. Mientras que desaturar podéis hacerlo hasta que os canséis, hay un punto en el que ya no se puede desaturar más y es cuando ya se ha llegado a la escala de grises por completo.

Aclarecer. Tiene tres opciones básicas, realmente estas herramientas son como los pinceles normalitos de toda la vida, pero con la diferencia de que se aplican de diferente manera. Por ejemplo aclarecer tiene la opción de volverlo todo más clarito, brillante, y puedes regular la cantidad de aclaración – en sombras, medio tonos y luces, - lo mismo pasa con la opción de oscurecer (o también quemar), simplemente que esta echa negro por todos los lugares que toca.

Lo diferente de estos pinceles es que con una pincelada (es decir, un click nada más) puede hacer diferentes tonalidades de oscuridad, claridad, saturación o desaturación, me refiero a, son acumulativos, no como la goma de borrar o el pincel de toda la vida.

1.11 Pluma

Diferente manera de seleccionar que crea "Work Pat"-s, es más manejable y utilizable que la herramienta de selección tradicional porque podemos guardar una capa suya sin ningún problema y reutilizarla las veces que quieras.

Si te fijas, bajo la imagen de la pluma existe también una pequeña flechita que te da paso a diferentes posibilidades de manejo de la herramienta.

1.12 Texto

Aquí supongo que no hay nada que explicar, ¿cierto? Todas las fuentes que tengan instaladas en su ordenador se pasan automáticamente a photoshop. Pueden escribir normalmente, hacia abajo y en forma de selección. Pueden elegir el color del texto y el tamaño.

Si pasan el texto a un layer normal podrán darle la forma que quieran (esto se da clickeando sobre la capa de texto y después "Rasterizar"), como con cualquier otra capa que tengan.

Si por otra parte no quieren perder la calidad del texto no lo pasen, las letras son una especie de dibujo vectorial que no suele quedar mal por mucho que lo aumenten (es decir, no queda con píxeles sobrantes).

También pueden darle un toque desde las opciones de fusión, punto al que todavía no hemos llegado, pero que estará en el siguiente capítulo, esperando a que lo lean ahora o en unos días, o cuando tengan tiempo, en fin.

Fin del primer capítulo.

2. Blending options

U "Opciones de fusión". Puede que no sea exactamente el mismo nombre que le de photoshop, sin duda, porque tengo el mío en inglés de toda la vida y no sé cómo realmente se dice en castellano, pero esto no es lo importante.

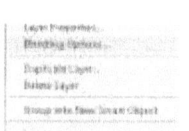

A estas opciones se puede acceder de tres maneras.

La primera es la que vemos a la izquierda. Se accede así dándole click derecho al ratón sobre la capa que queremos manejar.

La segunda es a través de este icono de una "f". En algunas versiones de photoshop se ve "Fx", realmente significan lo mismo.

Y la tercera es a través de las opciones de capa que tenemos encima de todo, justo al lado de "Archivo"

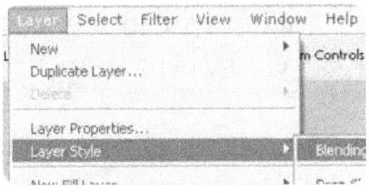

y "Editar". En "Estilo de capa" y ahí ya aparece, como bien podéis ver en la imagen.

El panel que debe saliros es el siguiente:

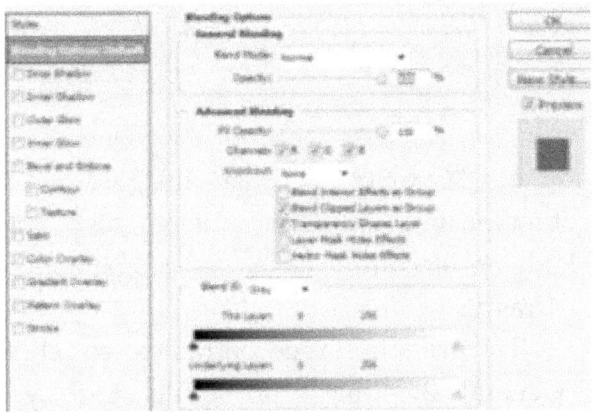

Obviamente depende de la versión de photoshop y de la configuración que tenéis os saldrá en inglés o en cualquier otro idioma que permita el programa.

El lugar en el que se encontrarán las diferentes herramientas no suele variar, siempre permanecen en el mismo sitio.

2.1 Transparencia

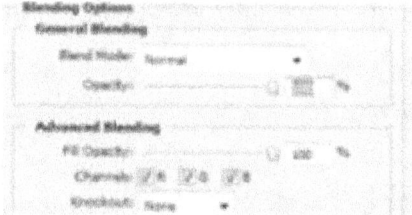

U "Opacity" en la imagen. Podemos observar una ampliación del archivo anterior. Podemos encontrar dos veces esta palabra, y dos barras a su lado.

La primera la encontramos en el grupo "General Blending", arriba del todo y justo debajo de "Blend Mode" ("Modo de fusión"). Esta opacidad define tanto a todo lo que aplicamos encima de la capa (sombra, bisel, gradiente, etc.) como lo que ya tenemos formado. Es opacidad GENERAL de la capa seleccionada, no importa qué y cómo, simplemente bajas el porcentaje y comienzas a ver a través de la capa.

No es el caso de la que tenemos en "Advanced blending" ("Fusión avanzada"). Ella es más específica y se aplica SÓLO a la capa antes de ser "tratada" con las ya mencionadas sombra, bisel, gradiente, etc. Ellos permanecen. Es como guardar la forma de la capa (cuando bajas la "Fill Opacity" a 0%) y ponerle a la forma un color fijo, un degradado, una patente o por otra parte un contorno o sombra y luz… En fin, las posibilidades son infinitas, ¿no es cierto?

También podemos encontrar las opciones de transparencia en el panel de visualización de las capas.

"Cinco tutoriales básicos para Adobe Photoshop"

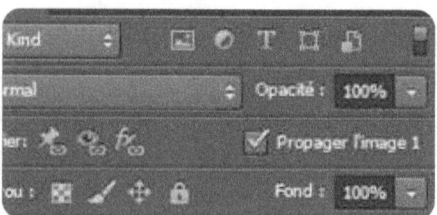

(pido mil perdones por la imagen, pero uno de los photoshops que tengo está en francés… pero se encuentran las cosas en el mismo lugar siempre)

Están en el mismo lugar que antes, la "Opacité" corresponde a "Opacity" y "Fond" a "Fill Opacity". Es más, si lo tenéis en inglés os aparecerá bajo el mismo nombre.

2.2 Sombra exterior

Voy a ir según aparecen en la lista, es para ayudar a la ubicación, para eso es la estructura del índice así.

El panel de sombra exterior que nos sale es el siguiente (aparece en la página que sigue):

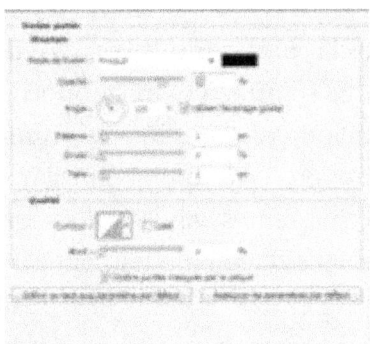

Como pueden observar podemos elegir el color de la sombra, el modo de fusión en el que la queremos, la opacidad, el ángulo, la distancia, el tamaño y la fuerza de la misma.

El color es fácilmente elegible a través del pequeño rectángulo negro que vemos en la imagen. La opacidad ya la vimos y el modo de fusión queda como último subpunto de este capítulo, así que, lo explicaré ahí directamente, así que continúo con lo que sigue, nuevo para nosotros aún.

El ángulo (el círculo) señala de dónde procede la luz para saber dónde reflejará la sombra. Si se utiliza el mismo foco de luz en una composición da sensación de uniformidad. Claro que también hay que controlar el espacio y utilizar diferentes ajustes de sombra que no influyan en el foco para hacerlo mejor, pero como ya dije repetidas veces – las posibilidades son infinitas y quedan según el gusto de quien se dispone a trabajar con photoshop.

La distancia si es igualada a 0px crea una especie de contorno ligeramente difuminado. Mientras que cuánto más grande es la distancia más alejada se ve la sombra de la capa.

El grosor lo que mide es el grado de difuminado que tendrá el borde de la sombra y la "talla" es para el tamaño de la misma. Cuanto mayor sea más difuminado e impreciso aparecerá.

2.3 Sombra interior

No hay mucho que decir aquí porque su función es casi exactamente la misma que la de "Sombra exterior". Casi porque para lo que sirve es para aplicarle la sombra, como bien anuncia el nombre, en el interior de la capa.

2.4 Brillo exterior

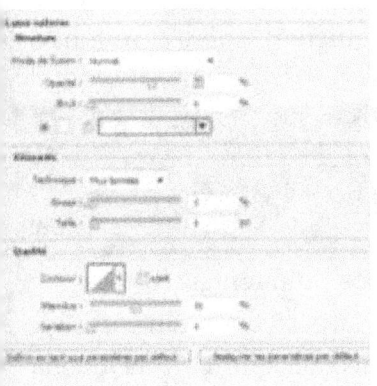

Con mucho cabe decir que el panel que nos encontramos es prácticamente el mismo que nos encontramos en sombra, claro que está ligeramente cambiado.

Nos encontramos con lo típico de "Modo de fusión" y "Opacidad", también está el grosor y el tamaño, cosas que ya fueron explicadas anteriormente en el apartado de "Sombra exterior". Lo único nuevo por así decirlo es que puedes elegir que el brillo sea de un sólo color o de un gradiente.

(en la imagen inserté un gradiente diferente al de la primera que visualizamos del panel para que se note más)

Por ejemplo este gradiente quedaría más o menos así (gráfico siguiente) sobre un fondo negro:

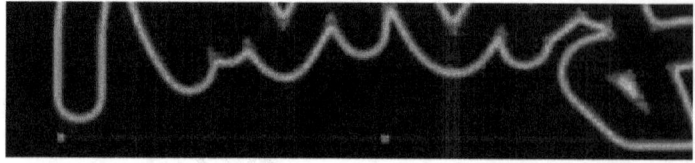

Se notan bien los diferentes colores y contornea la imagen a la perfección sin infringir ni un punto. Podría decirse que es una buena manera de crear algo colorido rápidamente.

Para seleccionar el degradado que se utilizará sólo hay que clickear encima del rectángulo y después elegir el que más nos gusta.

2.5 Brillo interior

Sucede lo mismo que con la sombra interior, sólo que con las opciones del brillo. La sombra interior y el brillo interior actúan como herramientas que definen la forma de la capa desde su interior. Pueden crear la sensación de grabado o iluminado por dentro.

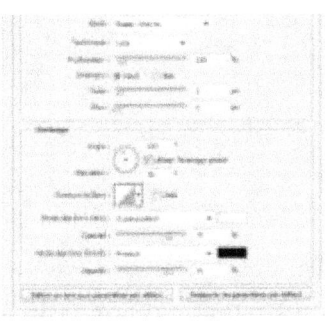

2.6 Bisel y relieve

Si clickearon en el lugar correcto esto es lo que debe salir. Puede haber bisel interior y exterior, y también bisel estampado.

Igual que en las anteriores herramientas se puede controlar su tamaño y la luz desde la que llega, también la profundidad, sin mencionar el choque (es decir, si es más difuso o menos).

2.7 Satinar

Simplemente oscurece la capa sobre la que aplicamos esto. No es una herramienta muy utilizada, cabe decir, porque lo mismo se puede conseguir con "Sombra interior", pero tampoco viene mal en algunas situaciones.

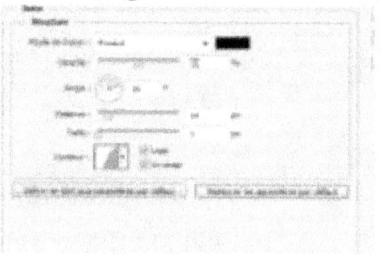

En ella aparecen los mismos controles que en las anteriores, es decir: opacidad, modo de fusión, color, ángulo, distancia y tamaño, los cuales se ajustan exactamente de la misma manera que antes.

2.8 Color por encima

¿Acaso no te gusta el color que tiene tu capa o simplemente quieres dejarlo en una forma de una tonalidad específica? Bueno, aquí es donde tienes que entrar. Sirve también para dejar más plana la capa cuando modificamos la transparencia del color y también podemos darle más profundidad de la misma manera modificando los ajustes de fusión (2.12).

2.9 Gradiente por encima

¿Y si lo de un único color no te gusta y a ti lo que te va son las cosas muy coloridas o de dos tonalidades no más? Pues, en vez del color elegimos la siguiente, la del gradiente. OJO, si no te decides entre ambas, siempre puedes elegir las dos, siempre y cuando lo efectúes en el orden correcto (Color – Gradiente).

2.10 Patente por encima

¿Y si no te gusta ni el color ni el gradiente ni ambos juntos? Pues, vamos, ¡la patente deberá gustarte! Igual pueden juntarse las tres opciones, pero ojo con la opacidad.

2.11 Trazo exterior

Como los tres últimos puntos fueron en modo "Anuncio de la teletienda" me cambio de tono y explico esto de otra manera, para variar.

El trazo exterior es algo totalmente sin sentido, si a mí me lo preguntan, es "Brillo exterior" pero como otra herramienta. Algo parecido a lo que pasaba con "Satinar".

2.12 Modo de fusión

Llevamos mencionándolo durante todo el capítulo y cabe decir que lo mejor hubiera sido llevarlo al mismo principio de éste, pero, ¿no dicen que lo mejor se deja para el final?

Podemos encontrar el modo de fusión en el cuadrado de las capas, antes de opacidad, y en el panel principal de "Opciones de fusión" (el que venía al principio de esto, allá antes del punto 2.1). Este tipo de modos son los más general sobre la capa, como lo que pasaba con la opacidad general. No influye la opción que le hayas aplicado, siempre quedará en general de un modo sobre las demás capas.

Para buscar los modos de fusión más específicos vamos a los subcuadraditos que vienen a lo largo de los subpuntos (¡vaya con los "sub"!) y que pueden apreciarse en las páginas anteriores.

Me complace decir que este es el fin del segundo capítulo, tampoco fue tan duro terminar de leerlo, ¿no?

        Fin del segundo capítulo.

3. Filtros

Los filtros son aquella cosa que puede llegar a cambiar nuestra obra en un instante y que parezca completamente diferente. Lo único malo de los filtros es que actúan directamente sobre la capa, por lo que antes de utilizar uno siempre hay que duplicarla, esto es muy importante.

Muchos efectos increíbles se consiguen gracias a los filtros, que acompañados por un buen uso de los modos de fusión pueden llegar a dar la obra más increíble del planeta. Claro que, para los que utilizan photoshop principalmente para pintar y tal pues, ellos no suelen fiarse mucho de los filtros porque no son TAN específicos y personalizable como tal vez les gustaría.

Pero dejemos la descripción de lo increíbles que pueden llegar a ser y localicemos la ubicación de estos. El acceso más rápido a los filtros es desde la barra principal, donde claramente pone "Filtro" o "Filter" (si lo tienen

Fichier Edition Image Calque Type Sélection **Filtre** ffichage Fenêtre Aide

en inglés, y para variar, "Filtre" en francés, total, las palabras como ven se parecen muchísimo).

Esta es la localización principal de los filtros, fácilmente localizables, desde luego.

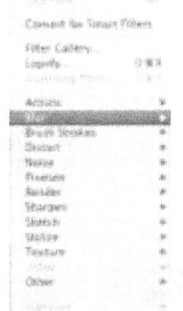

3.1 Artísticos

Son los primeros que vemos en la imagen que tenemos a la izquierda, ¿no? Justo encima de lo subrayado en azul que es el punto 3.2.

Los filtros artísticos son característicos de los que intentan conseguir un retrato rápido, un efecto mosaico extraño y otros parecidos. Iré demostrando los diferentes resultados de los efectos, así por lo general, sin meterme en profundidad porque sino esto se hará eterno.

Todos los subpuntos de aquí tienen otras subcategorías, intentaré poner una imagen de cada uno para que se hagan una idea de lo que sucede por aquí, así que… ¡A divertirse! Bueno, eso es lo que dicen todos.

Para los resultados utilizaré una imagen del actor Chace Crawford.

3.1.1 ACUARELA

Cuando entramos en la lista de efectos

artísticos, el primero que suele aparecer es el "Acuarela".

El cuadro de funciones del panel:

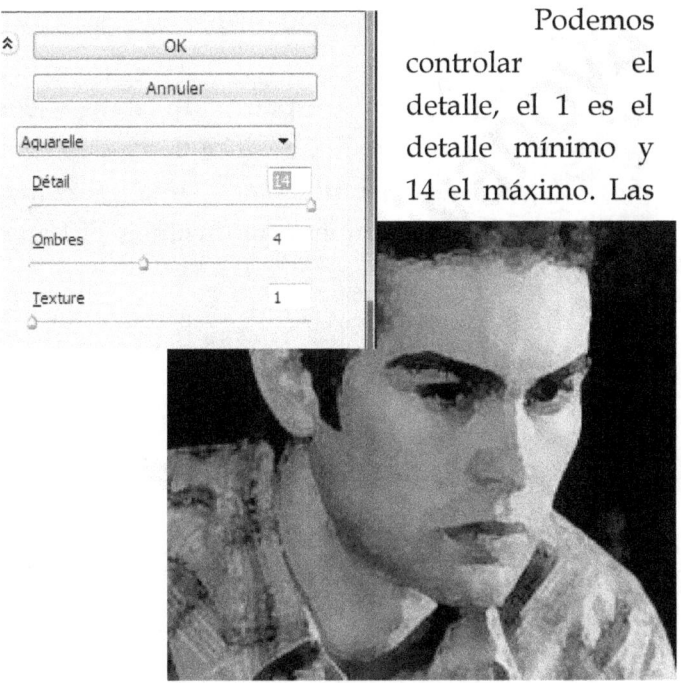

Podemos controlar el detalle, el 1 es el detalle mínimo y 14 el máximo. Las sombras, de 0 a 10 y también la textura, ella es de 1 a 3.

Si manipulamos las sombras, puede llegar de una imagen clara a una del tipo extremadamente oscura.

Después utilizando los modos de fusión pueden, por ejemplo, hacer una mezcla o simplemente insinuar el toque acuarela.

3.1.2 MANCHAS

Es un resultado apenas perceptible desde lejos, pero que si lo acercamos (como hicimos con el efecto Aquarela, se notan como trazos, fibras, tal vez, en fin, vea lo aquí:

Pueden notar la diferencia.

Mientras, el cuadro de configuración es el siguiente:

Se puede configurar el espesor (de 1 a 50, siendo 50

el valor máximo), la pulcritud (de 0 a 40) y el tipo (Simple, Sketch claro y oscuro, Red amplia, Desdibujar y "Teclas").

3.1.3 Esbozar posterizado
Es el tercero en la lista.

Puede decirse que crea un efecto tipo cómic, ¿no? Subraya los contornos y elimina detalles.

No voy a amplificar la vista y tampoco dejar el panel de configuración del filtro porque son cosas que se repiten simplemente y a nadie le gustan las repeticiones (además de que la imagen se ve bien incluso en menor resolución).

Pueden configurarse el espesor (de 0 a 10), la intensidad (de 0 a 10) y la posterización (de 0 a 6). La posterización influye en los niveles que se crearán para la representación de los colores. En la imagen se utiliza el nivel 3.

3.1.4 Espátula

Es un efecto parecido al "Manchas", pero como más cortante y deforma más la imagen. Es mucho menos preciso y no deja tantos detalles.

En configuración encontramos a espesor (1 – 50), detalle (1 -3) y reblandecimiento (0 – 10).

Todos los demás filtros artísticos funcionan de la misma manera. Podemos asemejar a pintura con ceras, cortes limpios de colores, envase de plástico, esponja, etc. Y cada uno de estos filtros artísticos tiene al menos dos configuradores que pueden llegar a dar muchos más resultados finales.

3.2 Difuminar

¿Quién diría que puedes dejar las imágenes difusas de diferentes maneras? Pues esto es principalmente el sentido de todo esto, supongo.

Podemos DIFUMINAR como toda la vida, que no tiene ninguna manera de, simplemente, configurarlo, le das a "Difuminar" y te difumina hasta cierto grado y después vas con el "Ctrl" + "F" repitiendo el filtro hasta dejar la capa lo suficientemente difuminada.

También podemos utilizar la DIFUMINACIÓN GAUSIANA, que sí se puede controlar la cantidad de difuminado a aplicar.

DIFUMINAR SEGÚN FORMA – básicamente sigue el mismo procedimiento, pero... ¡sigue a una forma! Increíble, ¿no es cierto?

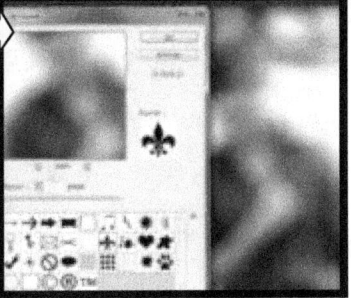

DIFUMINAR SEGÚN DIRECCIÓN – simplemente eliges un grado y bam, según él se difumina todo lo que quieres.

"Cinco tutoriales básicos para Adobe Photoshop"

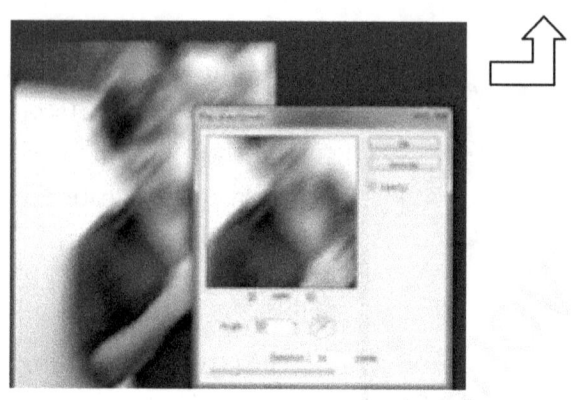

DIFUMINACIÓN RADIAL –

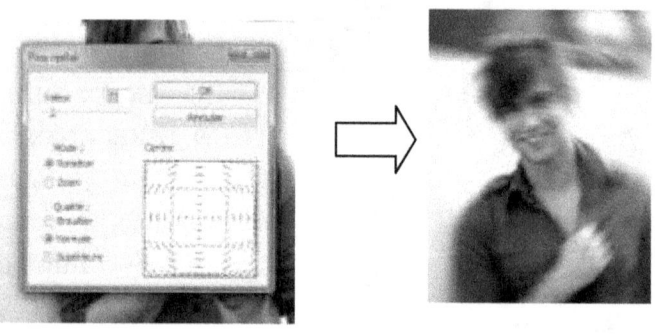

SUPERFICIE DIFUSA – cabe destacar que esto difumina y a la vez estiliza el borde… Una mezcla extraña, pero muy útil en ocasiones.

Podemos observar como los bordes quedan mega firmes y a la vez como la imagen va comenzando a perder detalle. Este filtro es utilizado a la hora de crear el efecto "Retrato digital", cuando el artista no tiene las dotes necesarias para pintar uno desde cero…

Cabe decir que estas son las funciones de difuminar más utilizadas y además, las más útiles, las demás son hasta cierto punto copias de estas, o incluso mezclas que suelen quedar sin utilizar, pero que en ocasiones tal vez es bueno tenerlas.

3.3 Distorsionar

Aquí me tiro directamente a las explicaciones de los más importantes filtros debajo de este punto, sin demasiado rollo para lo que sirve y cómo funciona.

CIZALLA

Movimiento en cizalla, personalizado y además puedes decidir cómo queda el desplazamiento.

Desde el cuadro subdividido se puede elegir lo que quieres desplazar y desde los dos puntos de abajo si sale como estirado o repetido. Para gusto los colores, ¿no es cierto?

CONTRACCIÓN

Sobran explicaciones.

COORDENADAS POLARES

Darle la vuelta a la situación o crear al hombre chicle, todo está en tus manos. Puedes hacerlo hacia fuera o hacia dentro (ahora mismo está hacia fuera).

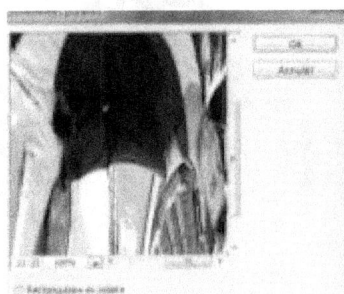

ONDA

Fácil creación de fondos abstractos y otros utensillos

para utilizar en photoshop.

ONDULACIÓN

Podría utilizarse como método para crear reflejos en el agua, o simplemente cosas onduladas… La parte de la imaginación la aplica el artista, ¿no es cierto?

VÓRTICE

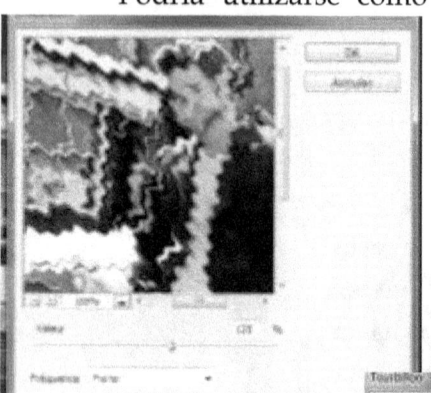

Sirve principalmente para crear espirales a partir de la capa. Pueden hacerlas hacia la derecha o hacia la izquierda y en diferente proporción.

3.4 Ruido

Porque las imágenes demasiado limpias a veces son un lujo que nadie puede permitirse, ¿o es justo lo contrario? Se ignora para qué exactamente alguien quiere añadir ruido a la fotografía o a lo que fuese, pero a veces puede simplemente ser una manera de aplicar textura…

RUIDO A SECAS – podemos añadir mucho o poco, elegir que sea uniforme o gausiano y lo mejor de todo, monocromático o el normal, de toda la vida. Si acaso buscamos que la imagen pierda calidad, estamos en el camino correcto, y que nadie lo discuta porque perderá su cabeza.

El siguiente filtro de ruido es llamado "**POLVO**" y pueden verlo en acción en la imagen. En el mismo cuadro de ajustes se ve el efecto, mientras que atrás está la imagen original.

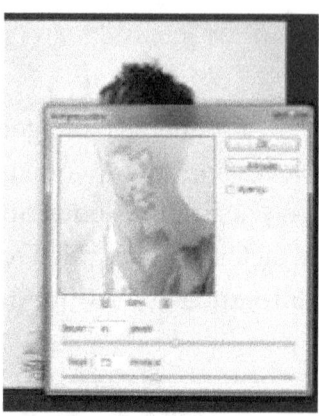

Resulta como una especie de molesto e irregular gradiente.

RUIDO INTERIOR, en la imagen sale aplicado varias veces para que sea más notorio su efecto. A mí personalmente me

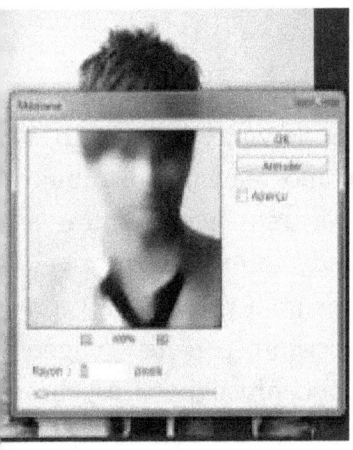

recuerda mucho a aquel efecto de difuminar que vimos en subpuntos anteriores (Superficie difusa).

MEDIANO – sinceramente parece hasta cierto punto repetitivo.

3.5 Pixelar

Aquí tenemos varias subcategorías también, pero yo os explicaré nada más dos porque veo inútil malgastar papel en estos tiempos en los que la tala de árboles ha llegado a un punto tan poco favorable para la Tierra. Además de que espero que no recicléis este libro como muchos otros. Y por no decir que odio las repeticiones, aunque no lo parezca.

CRISTALIZACIÓN – bueno, es el primero y hace una especie de efecto "Mosaico", por decirlo de alguna manera. Es como manchar el dibujo con los colores que más cercanos se encuentran a cada figurita rellena. Puede controlarse el nivel, donde a más que le demos irá a menos precisión y a menos – más precisión con la imagen original. Parece un tanto confuso pero es algo que se ve claramente en la imagen.

Yo utilicé el ajuste en el punto 11, pero es igual notable la diferencia que hay entre la imagen original y el resultado.

FRAGMENTACIÓN – me salté varios filtros pixelativos para directamente pasar a este. No tiene ajustes, es por defecto como el ruido original, el más simple, y tiene una extraña función de desdoblar… ¿Alguna vez estuvieron MUY borrachos? Pues, en efecto, lo que podríais ver es muy similar a esto… O eso dicen.

He de confesar que se ve bastante mal y que da la sensación de tener la vista mala, pero igual, si queréis podéis utilizarlo, ¿no? Por eso está ahí.

Mosaico – es realmente unir píxeles y aumentar el tamaño de estos. No demasiado original a estos tiempos pero sí bastante… efectivo. Incluso creo que había cierto videojuego que asemejaba este estilo de gráficos. Ya saben, píxeles y más píxeles sin juntarse demasiado para producir algo uniforme, sino que por ahí aislados…

3.6 Render

Estos son diferentes a lo que hemos visto hasta el momento, tanto que no diré nada hasta que lleguemos a los filtros. Y, como en el anterior punto, sólo explicaré dos, para no malgastar paciencia, tiempo (vuestro), papel y tinta.

FIBRAS – ya desde aquí vemos que no importa la imagen que hayamos seleccionado. Para las fibras os sugiero que primero hagáis una copia de capa (¡siempre! lo aconsejo, pero vosotros veréis).

Parecen a diferentes tipos de trazos de lápiz o algo parecido, que podrían servir bastante bien como una textura para cualquier trabajo.

OPCIONES DE ILUMINACIÓN – tenemos también un "Iluminación", pero es muy simple y además no se observa bien el cambio, además de que consiste en añadir un pequeño objeto de color claro que da sensación de luz. Esto es más... Ajustable, digamos, y mucho más manejable.

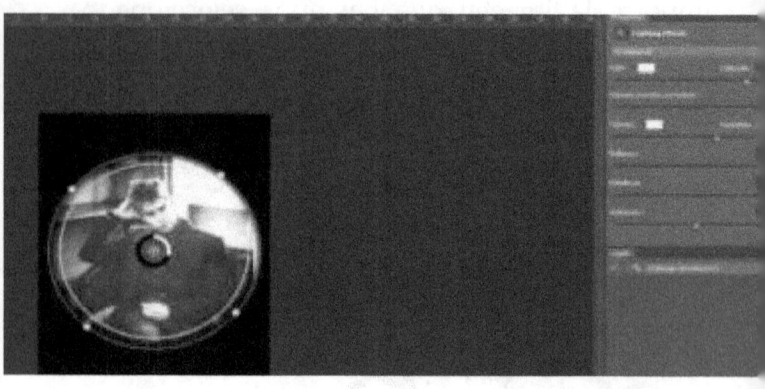

Podéis formar una elipse de luz o un círculo, y según he comprobado no se puede hacer nada más. Podéis rellenar este tipo de círculo o elipse, según lo que hayáis elegido, con diferentes colores, todo muy manejable desde el menú lateral. También pueden elegir entre tres tipos principales de focos, puntual, direccional y otro más que veo básicamente inútil.

El puntual es para subrayar un punto en concreto, como su nombre indica, y el direccional es el que expliqué en el principio, el del círculo de la imagen. Pueden bajar la opacidad de la sombra, si queréis, y así se ve también el fondo.

3.7 Acentuar

Realmente parece un lío en la versión portable del CS6, porque es bastante diferente a las versiones anteriores y extendidas, pero aquí os dejo el cuadro de acentuar.

Lo que en la imagen aparece como "Seuil" es los niveles de ruido – cuanto menos, más ruido hay, cuanto son más, menos ruido existe.

"Rayon" se refiere a luminosidad y "gain" elimina niveles de colores.

3.8 Estilizar

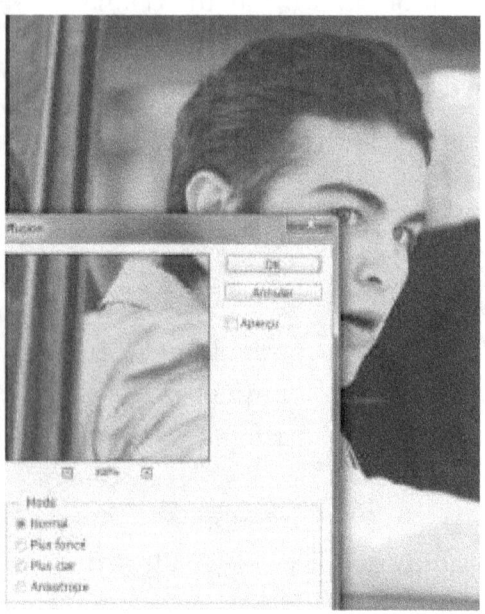

Aquí me salto directamente a los dos efectos que he elegido. "Difusión" y "Solarización".

DIFUSIÓN – No es algo complejo, como llevamos viendo ya unas sesenta páginas, lo complicado llega a la hora de combinar los efectos. Bien, en difusión tenemos a exactamente cuatro tipos diferentes que podemos llegar a aplicar, os muestro el primero y vosotros ya observáis el comportamiento de los otros tres.

No os olvidéis de que si algo no os gusta cómo queda, siempre podéis utilizar el ctrl + z + alt.

Y también quería señalar que aunque en la imagen no se vea bien, está como granulado.

SOLARIZACIÓN – básicamente invierte los colores claros, porque se puede notar que ciertas tonalidades oscuras se mantienen.

3.9 Otros

Llegamos ya casi al final de este tercer y eterno capítulo.

OTRO – esto acentúa, da forma a la imagen y borde a los diversos objetos que hay dentro de la misma. Los valores han de insertarse en el cuadro y observar lo que sucede. Los valores por defecto dan lugar a la siguiente imagen:

Como observáis son valores extremadamente pequeños y pueden ir bajando más aún, pero esto ya os lo dejo a vosotros, ¡experimentad!

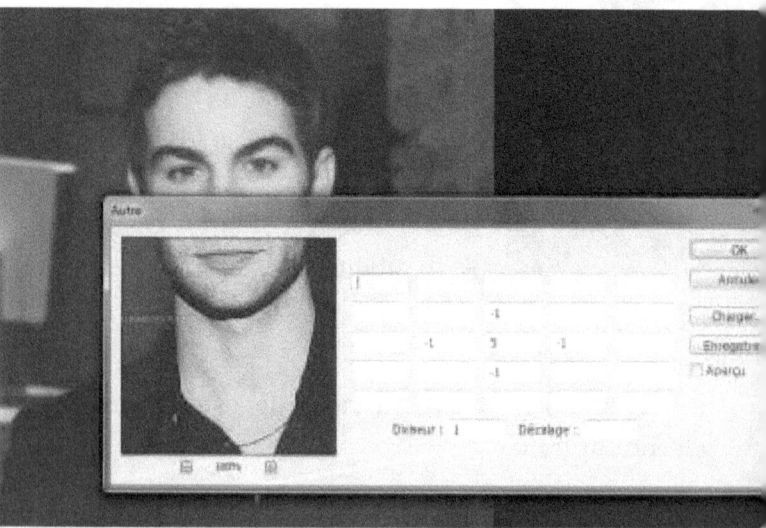

Máximo – crear una paleta de colores es bastante más fácil con esto. Sólo hay que cuidar con los valores que demos, porque demasiado grande tal vez no nos sirva para lo mismo (aunque podría servir para un cuadro de un artista abstracto, al menos para inspiración).

Con valores pequeños se nota cierta constancia y semejanza con la imagen de fondo, pero se distorsiona demasiado pronto así que, ¡cuidado con ello!

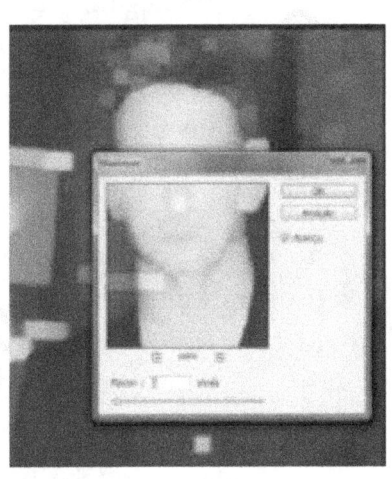

(La imagen es la misma que la anterior.)

Fin del tercer capítulo.

4. Ajustes: Capas y máscaras

Por fin llegamos al capítulo cuatro, tal vez el que más llegaréis a utilizar después de las herramientas del primero. Para conseguir principalmente cualquier efecto que podamos ver en televisión o en las páginas web más famosas y profesionales podemos recurrir sólo a las capas y las máscaras, y a las herramientas (tipográficas y pinceles). Sinceramente, casi todo lo demás se queda innecesario.

4.1 Capas

Cada capa debe tratarse como una imagen diferente. ¿A qué me refiero? Pues a que en cada capa que se tenga se tendrá un elemento completamente separado de las demás o dependiendo en parte, que puede editarse sin influir de ninguna manera al contenido de las demás capas, pero sí en el aspecto general.

Sí, es una definición un poco liosa, pero en ningún lugar, que sepa, existe un diccionario de photoshop que pueda darnos la definición más correcta, ¿verdad? Mientras tardan en hacer uno, prosigamos con la explicación de la función de las capas y los tipos de capas que pueden hallarse. Además incluiré, al final de este apartado, las diferencias de varios formatos de imágenes, pero paciencia, mientras tanto.

¿Para qué sirven las capas? Pues mi respuesta es para experimentar. ¿Por qué? Porque simplemente si lo haces todo de golpe, puedes equivocarte, si pintas por ejemplo, no puedes hacerlo todo en la misma capa. Ojo, no digo que es imposible, sino que no es lo común poder hacerlo todo en la misma capa. Si tú puedes, sáltate este capítulo directamente, no necesitas más explicaciones, mientras tanto, me inclino ante ti, puesto que es algo realmente difícil de conseguir. Se puede experimentar de muchas maneras, puedes añadir infinitas capas (bueno, un poco exagerado) y con muchos elementos que se pueden ir añadiendo a lo largo del proceso. Un poco reiterativo, perdón.

Simplemente quería hacerte saber que no hay límite de nada, puedes hacer lo que quieras con las capas, excepto tirarlas por la ventana. Esto no se puede hacer, por desgracia, pero puedes borrarlas y manipularlas a gusto, esto sí.

En cuando a tipos de capas, pueden ser las capas de edición de colores y aspecto general (que explicaré a lo largo de éste capítulo) y también de detalles, a lo mejor quieres poner un pulpo en la cabeza de un amigo en una fotografía que casualmente encontraste.

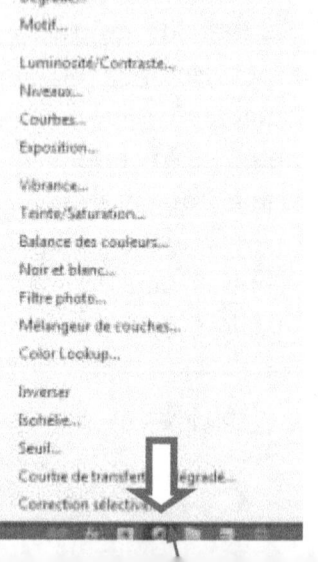

"Cinco tutoriales básicos para Adobe Photoshop"

Para acceder a las capas de aspecto general basta con ir a donde señala la flecha en la imagen de la izquierda del final de la página anterior. Ya saben, el circulito rellanado a medias, casi al lado de las opciones de fusión. Pues, éste es el lugar de donde se accede, el armario que lleva a Narnia. Bueno, no, pero es bonita metáfora. Clickean ahí y se os abre la pantalla esta que me sale a mí. Estas serán las cosas que os explicaré, no son nada complicadas, tampoco son demasiadas y en un par de minutos, mientras leen esto, sabrán para que sirve cada cosa.

Para dejar las cosas más claras, me salto las tres primeras que aparecen (que se pueden hacer en una capa normal y corriente o bien con las herramientas explicadas en el primer capítulo bien con las opciones de fusión).

4.2 Niveles

Dejemos claro que Luminosidad/Contraste, Niveles, Curvas y Exposición sirven para lo mismo. No hay más explicaciones para este grupo, puesto que también se utilizan casi de la misma manera. Así que, en vez de meterme del todo con cada una de estas cuatro opción, paso directamente a mi favorita y a la que más utilidad le encuentro, los niveles. Es la más completa de las cuatro y es la que más fácil de manejar me parece, así que, aquí os dejo la imagen de lo que debe salir cuando entráis en ella:

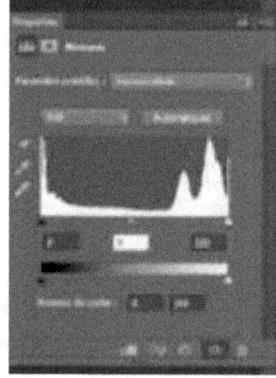

Chachi, ¿verdad? Pues bien. De aquí se podrá controlar todo lo que corresponde al contraste y la igualación de niveles, en fin, todas estas tonterías. Es muy útil cuando se edita un dibujo, ya que le da más profundidad y un mejor aspecto.

Para el contraste basta con mover los triangulitos negro, gris y blanco, es todo a base de experimentación, pero esto es muy intuitivo, cuando uno se pone resulta mucho más fácil.

Para que haya más nivel de blanco o de negro se desplazan los dos triangulitos de abajo. Lo único importante es tener en cuenta que cuando llevas el negro hacia la derecha se vuelve la imagen más clara y al revés, el blanco a la derecha hace la imagen más oscura.

4.3 Color y saturación

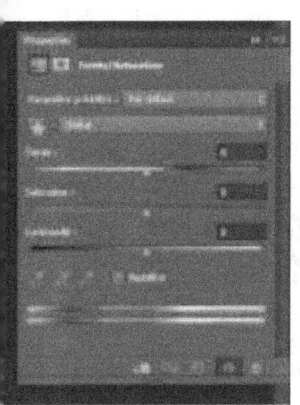

Esto es lo típico que se busca cuando se edita una fotografía, ni idea del porqué, pero aquí os explicaré cómo se utiliza esta herramienta.

Con el color podemos hacer a gente extraterrestre, según queremos; la saturación - aumento o disminución del nivel de color; y la luminosidad – tan fácil como su nombre indica, más o menos color blanco en la capa. Esto es lo que se puede hacer con lo que primeramente sale. No es nada difícil, desde luego, manejarlo, como ya mencioné, y tampoco es algo del otro mundo, pero hay una opción en esto que puede cambiar completamente el típico resultado que se busca, que es marcar al cuadradito que aparece junto a los tres cuentagotas debajo de la edición de luminosidad. Esto hace que puedas elegir el color que combinará con el negro (y el blanco) y dejará la imagen entera (o la selección a la que se aplica esto) sólo con estos colores, guardando las proporciones de sombras y luces y todo lo demás. Por ejemplo en una imagen de Chace Crawford que estoy utilizando en estos momentos (miren a la izquierda). Dicen que una imagen vale más que mil palabras, así que os dejo esta y lo dejo concluido.

Perdón, también quiero mencionar que he utilizado el color rojo para el ejemplo. Nada más.

4.4 Blanco y negro

El propio nombre de este recurso lo explica todo, ¿no? Configuras lo que saldrá en blanco y negro según los colores originales, es decir, el nivel de blanco (o negro) en las partes rojas, lo mismo en las azules, en las amarillas, cian, etc. Muy al gusto del consumidor.

4.5 Mezclador de canales

Decir que "pues eso, mezcla los canales" no me parece lo oportuno, puesto que no hace ésta mezcla que indica. Sinceramente, no es una herramienta demasiado útil, simplemente es difícil de controlar. En una parte tienes que elegir el color que quieres trabajar y en otra configurarlo, para que quede un resultado raramente satisfactorio. A no ser que seas 3AEDB (Artista Abstracto Amante de Extraterrestres y Demás Bichos), entonces da igual, hagas lo que hagas con la herramienta, será el utensilio que más te representa, créeme.

Como no me gusta, la dejo así y paso a otra cosa que me parece más interesante y más útil.

4.6 Color selectivo

Es una herramienta que da más trabajo y queda más guay. Yo la utilizo para darle sensación de calidez o de frío en las fotografías y queda bastante impresionante. Cambia radicalmente el giro de la imagen totalmente. Además de que hace más contraste entre los colores claros y oscuros, si se quiere, o suaviza los tonos. Todo depende del gusto de cada quien, como estoy segura que he dicho al menos una vez hasta el momento.

Simplemente eligen el color sobre el que actuarán y comienzan a ajustarlo. Pueden editar todos los colores básicos y queda en muchos casos lo suficientemente bien como para sentirse un artista.

Fin del cuarto capítulo

5. Creación de pinceles, patentes y gradientes

Este puede llegar a ser incluso el capítulo más fácil de todos, pero, ¿no es guay? Además del más corto, desde luego. Ya casi hemos acabado con todas estas cosas "básicas" acerca de photoshop y esto puede llegar a ayudar muchísimo. Yo desde luego no conté con unos tutoriales parecidos cuando aprendía a utilizar el programa, pero tenerlos ayuda mucho y seguro que os habrá resuelto alguna que otra duda…

5.1 Pinceles

Tan simple como abrir y cerrar los ojos. La creación de pinceles, digo. Es mucho más fácil de lo que parece y además puedes crear una amplia variedad de pinceles propios que podrán servirte

"Cinco tutoriales básicos para Adobe Photoshop"

para todo, o para nada, dependiendo de lo que quieren, claro.

Simplemente creen un archivo con fondo transparente, denle un tamaño (sugiero que sea mayor, puesto que queda mejor), y dibujen lo que quieran. Puede ser lo que sea, siempre que no olviden que no debe de tener más de un color. Puede que haya zonas más transparentes que otras y tal, pero nunca más de un color porque cuando se acople la imagen para la creación del pincel esto desaparecerá y será una lástima por el tiempo que le habréis dedicado. Un color y punto. Seguimos los pasos anteriores y cuando hayamos acabado, vamos a "Edición" y a "Definir valor de pincel", ahí le ponemos nombre y listo, ya lo tendremos en nuestros pinceles y lo podremos utilizar para lo que queremos.

5.2 Motivo

Tan fácil como antes, simplemente se utiliza por lo general un tamaño de imagen menor, ya que será algo repetitivo. Aquí sí se pueden añadir colores y todo esto y se notará bien. Se le da a "Edición" y después justo debajo de "Definir valor de pincel", así que después van a opciones de fusión y lo tienen justo donde dice: Rellenar con motivo. Le clickean y ¡bam!

5.3 Gradientes

Aquí ya no es algo permanente, quiero decir, tienen que ir rehaciéndolo si quieren, pero total, tampoco es nada del otro mundo. Ya no

"Cinco tutoriales básicos para Adobe Photoshop"

no sé, algo, entonces se habrá formado un vínculo de posible amistad en el futuro, quién sabe. Mientras tanto, gracias de nuevo y aquí te dejo todos los enlaces para que puedas criticar, si no te ha gustado, todo lo que te apetezca.

http://nansydk.tumblr.com
Instagram: NansyDK
Twitter: NansyDK
Youtube: NansyDK & EndiDerNeophyt
Deviantart: endika1995.deviantart.com
Facebook: NansyDK Art
Tuenti: Nansy Diliyanova.

Mil gracias de nuevo, no me haré empalagosa y dejaré que te vayas… ¿O mejor me quedo abrazada a tu pierna y me llevas contigo? En todo caso, sigue tu camino, espero que nos crucemos algún día de nuevo.

Fin de los tutoriales.

www.ingramcontent.com/pod-product-compliance
Lightning Source LLC
Chambersburg PA
CBHW072231170526
45158CB00002BA/841

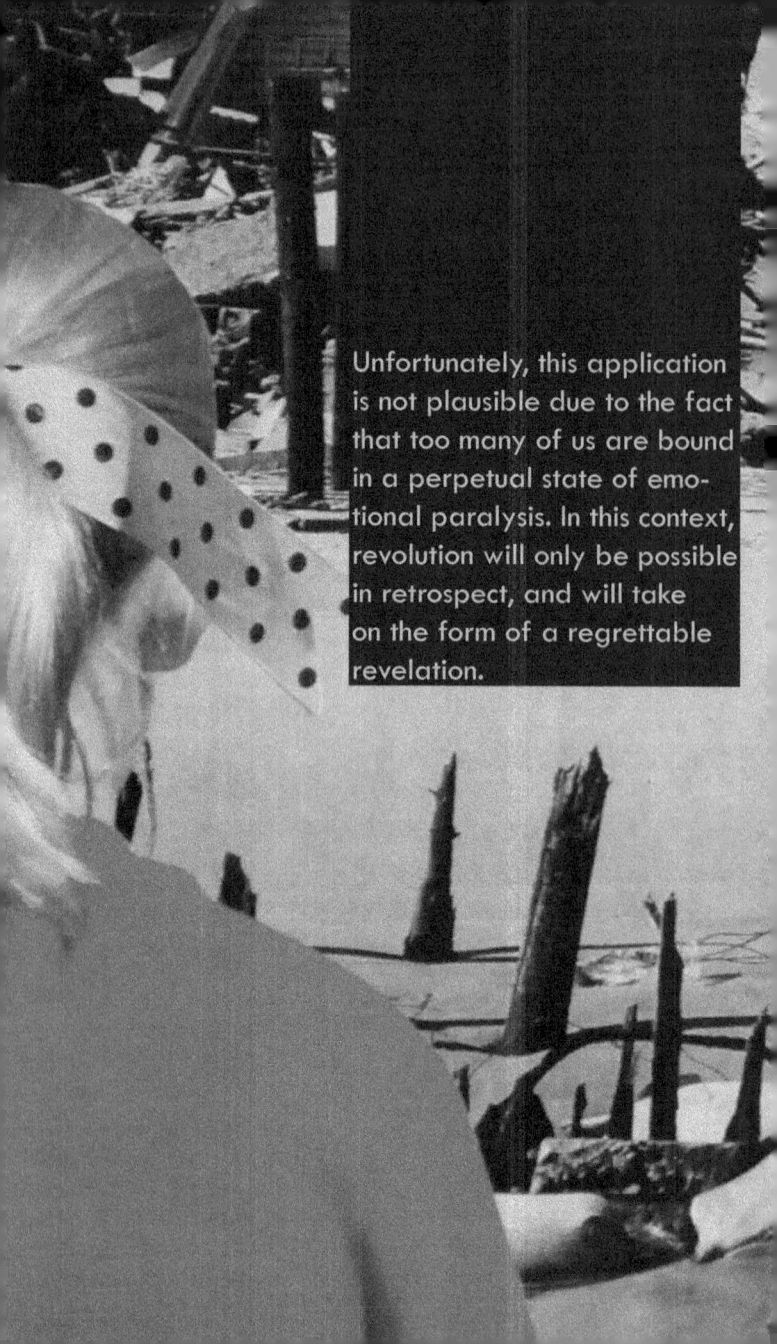

The Cold War may be over, but total annihilation is just around the corner. Instead of investing our finances and collective will into clean, sustainable resources, we choose to suffocate ourselves, appointing the delicate plutonium beacon to illuminate our dark, uncertain future. It is exactly this senseless disregard for the environment and our fellow man that acts as the principal alienating factor in our lives. It is, in effect, suicide.

Following the

white
white
white

6. Conclusión

En fin… Ahora que hemos acabado con todas estas explicaciones, que hasta haber acabado de ponerlas aquí no tenía ni idea de que sabía, es hora de desarrollar la imaginación y crear composiciones y obras de arte increíbles.

Ha sido un viaje no tan largo, desde luego, pero espero que haya sido algo útil. Para cualquier pregunta pueden enviarme un correo electrónico a nkiskimska@gmail.com, estaré pendiente y respondiendo todas las cuestiones que formuléis. A continuación dejaré también los demás espacios de Internet donde pueden encontrarme, como mi blog, instagram, twitter, facebook… En fin, todos los lugares.

También quería agradecerte especialmente a ti, que permaneciste hasta esta última página por haber adquirido esta especie de librito que con

"Cinco tutoriales básicos para Adobe Photoshop"

tanto amor preparé (sí, amor, cariño, hay muchos sinónimos). Espero de corazón que te haya ayudado y que te haya enseñado, abriéndote los ojos y haciéndote dirigir la mirada hacia el mundo del photoshop, tan increíble que es.

Pedirte perdón si algo ha quedado mal explicado o inconcluso y, desde luego que también por mi manera de hablar, a veces puede llegar a ser molesto, ya saben, pero mi intensión nunca ha sido esta, puesto que intento llegar a ser divertida, a pesar de que mis dotes cómicas se quedan en los chistes químicos.

En fin, gracias y perdón por soportarme. Si alguna vez publico algo más, espero que te sirva y lo leas, estaré encantada de volverte a ver… O de saber que estás ahí, no sé, es que decir que quiero volver a verte cuando no lo he hecho ninguna vez suena un poco raro, pero si me das a saber que estás ahí y a lo mejor me mandas alguna foto o algo, un tweet, un mensaje privado,

*light
heat
noise*

will be a...

sublime return to nature.

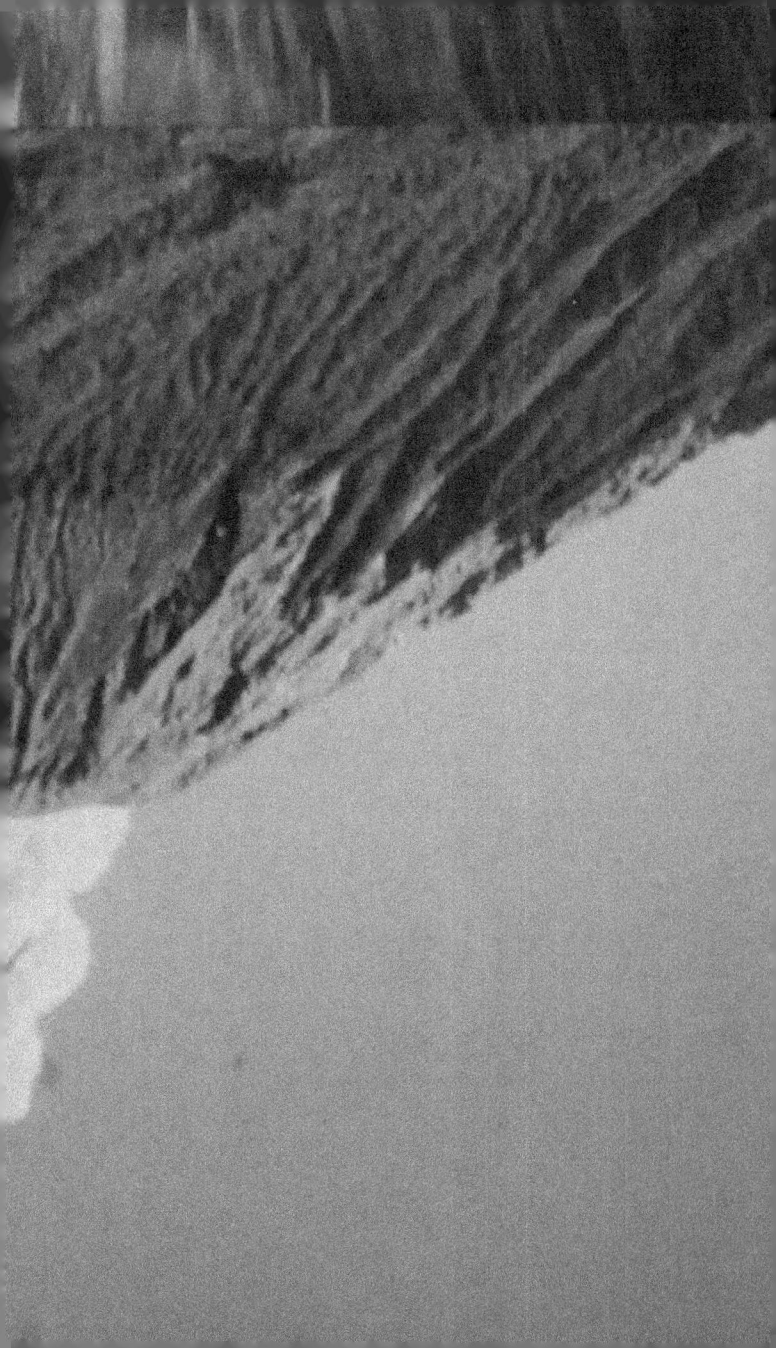

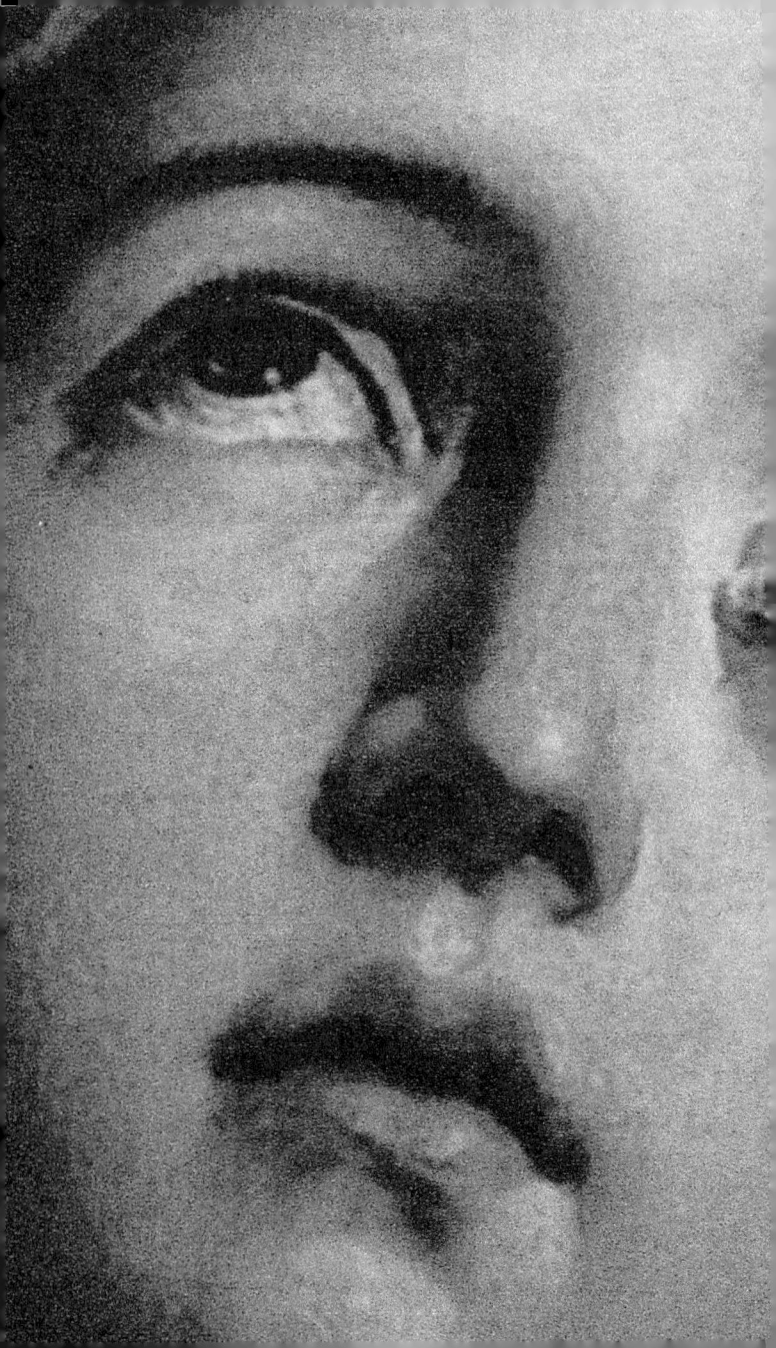

The collapse of industry, law and government will once again allow mankind to live without suppressing its innate primal faculties. That is, if mankind is fortunate enough to survive. By no means look upon this as a utopian affirmation. We realise that as long as human beings persist, there will always be hierarchical structures in place within any given society. We can guarantee that lessons will not be learnt. They never are.

Without content, art has no value.

We are the bastard offspring of the avant-garde but, like all children, we have grown to resent our parents. We perceive their obsession with critique as fatally impotent. Presenting the *proletariat* with fanciful articulation of its dire situation will not mobilise the masses. Besides, the spectacle has grown to colossal proportions and will not be subdued. It is ironic that the age of instant, global communication threatens our ability to communicate at all: multitudinous distractions on hand held devices, among others, alienate every one who participates in the folly of the spectacle. Do not be fooled. Reality is elsewhere. Everyday life filled with new sensations and dynamic activities is real. So are dreams and concepts. These realities, and the transmission of ideas evolving within them, are the only things we as human beings can earnestly lay claim to. Why, then, do we categorically deny reality when we get unequivocally nothing in return? Being is our only pathway to absolution.

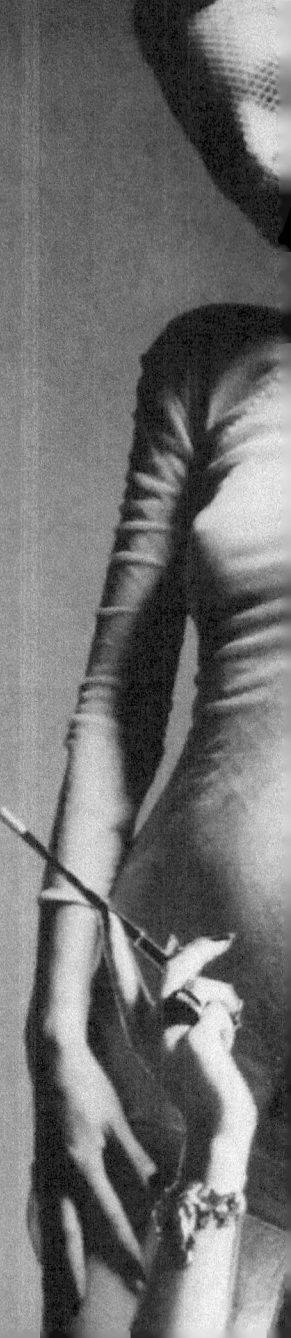

Despite strong evidence pointing towards a catastrophic deathwish, on an animalistic level, no one truly wishes to die. Suffering does not usually entice our desires, even if it happens to be an aesthetic and political curiosity. The survival instinct is a brooding, natural force within us all. This force engenders our proclamation. We do not seek to eradicate the individual in favour of idyllic pastoral dreamscapes. Such is a bygone vision which prematurely climaxed and perished as a result of the atrocities of the last century. Delight lives only for a day, stalked closely by apathy - a hereditary disease. The human race has proven that it is not really interested in sustainability. There is no need to waste a lifebuoy on those who wish to drown. We celebrate the inevitable corrosion of human nature and aspire to depict its downfall into nothingness.

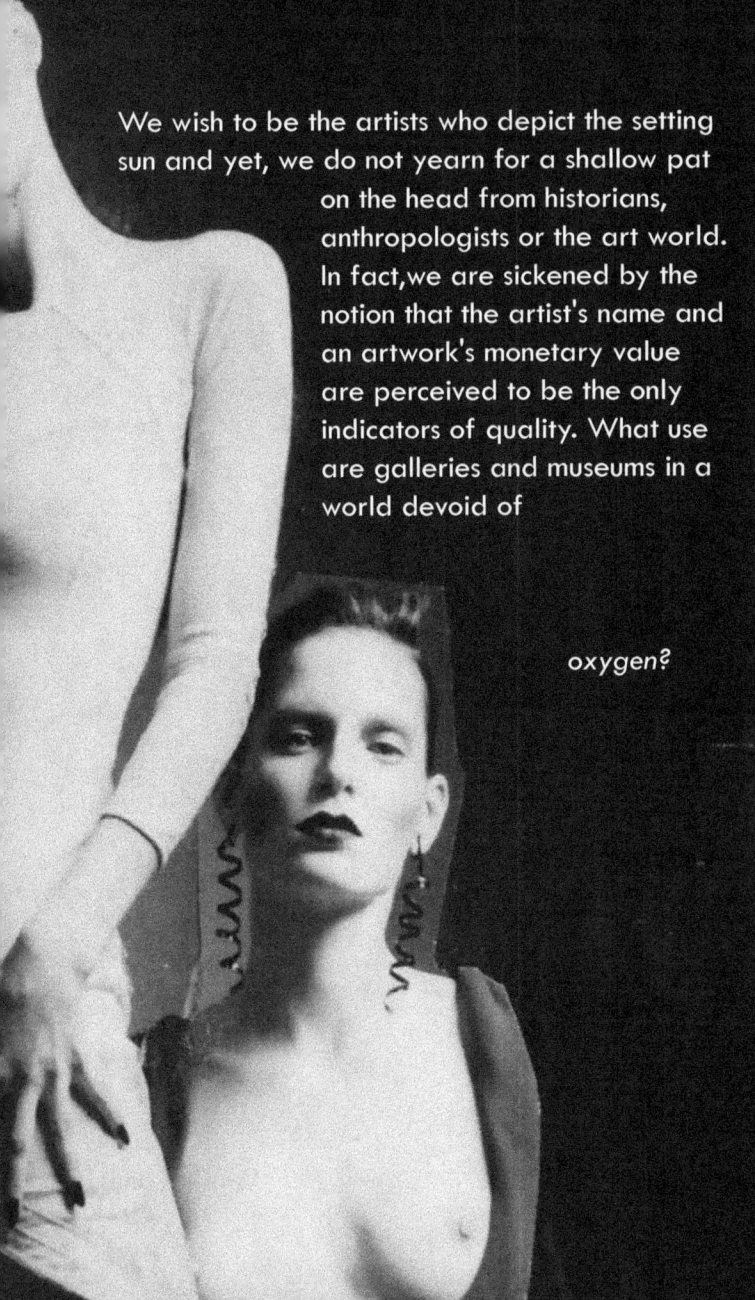

We wish to be the artists who depict the setting sun and yet, we do not yearn for a shallow pat on the head from historians, anthropologists or the art world. In fact, we are sickened by the notion that the artist's name and an artwork's monetary value are perceived to be the only indicators of quality. What use are galleries and museums in a world devoid of

oxygen?

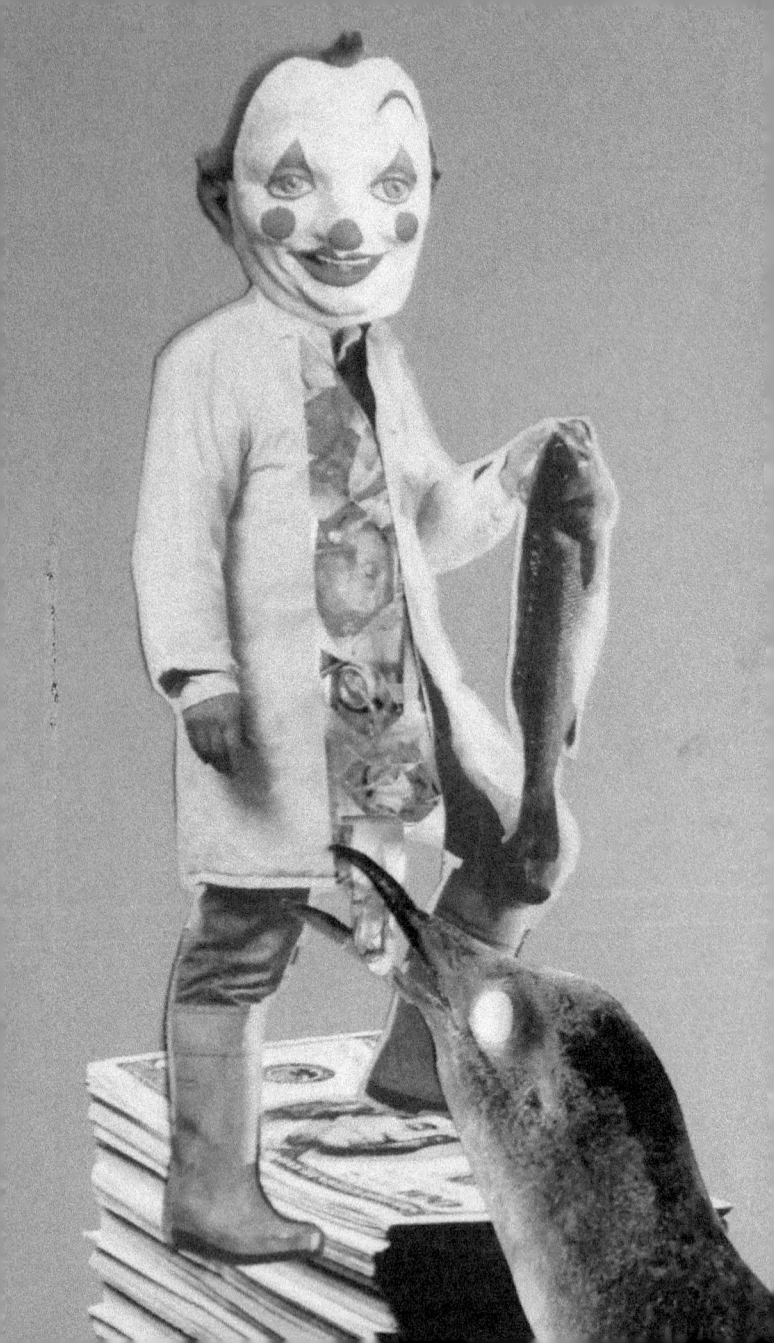

What does Post-Nuclear Objectivism hope to achieve?

Our primary objective is to *survive* for as long as it is possible, combining intellectual critique with revolutionary creativity, observing with morbid curiosity the carnival of corpses dancing around us.

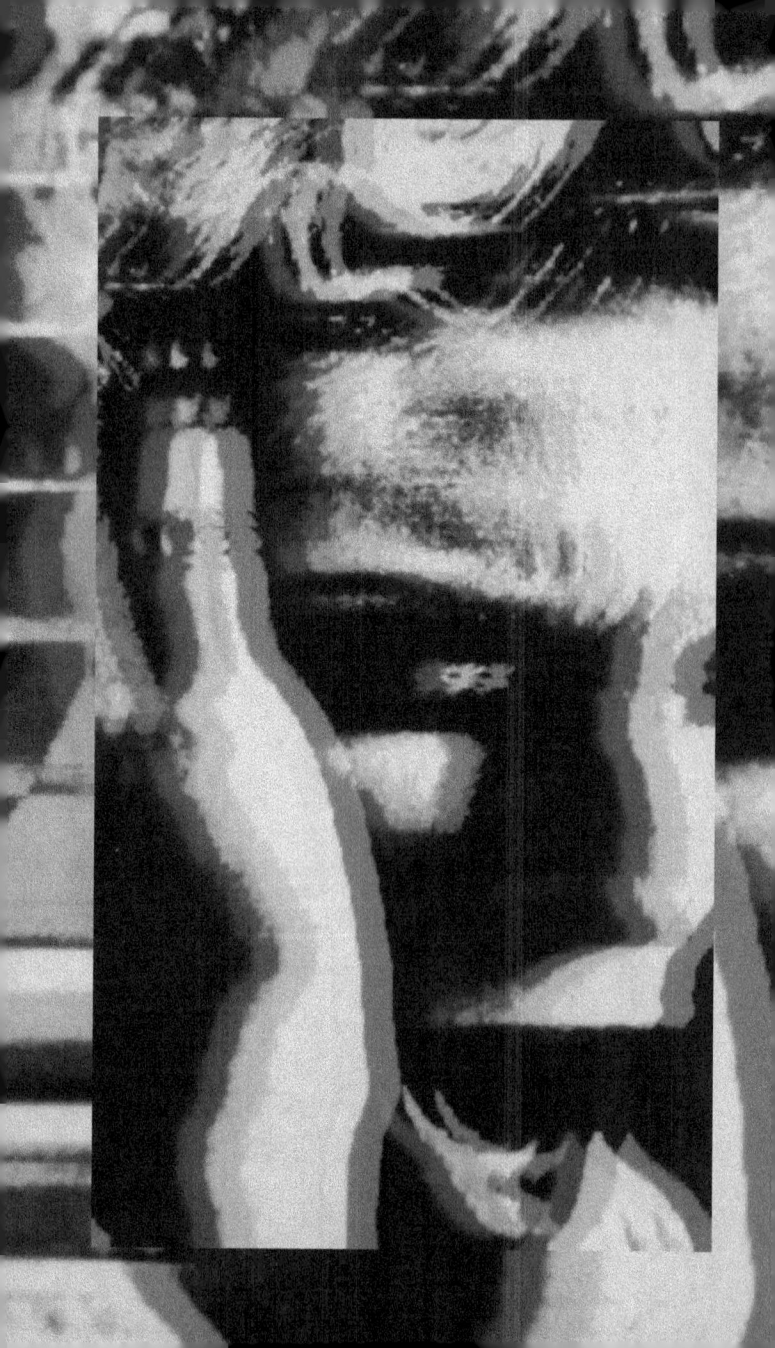

How can so many walls have so little to say?

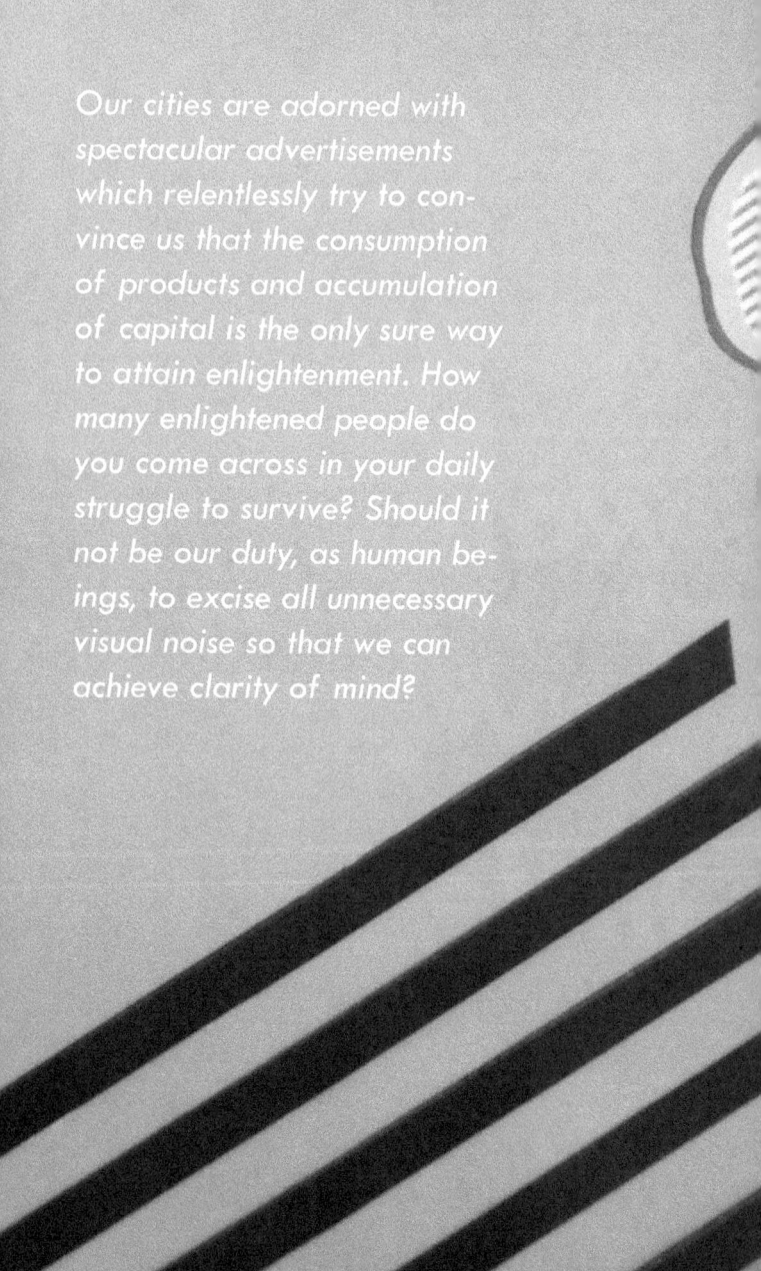

Our cities are adorned with spectacular advertisements which relentlessly try to convince us that the consumption of products and accumulation of capital is the only sure way to attain enlightenment. How many enlightened people do you come across in your daily struggle to survive? Should it not be our duty, as human beings, to excise all unnecessary visual noise so that we can achieve clarity of mind?

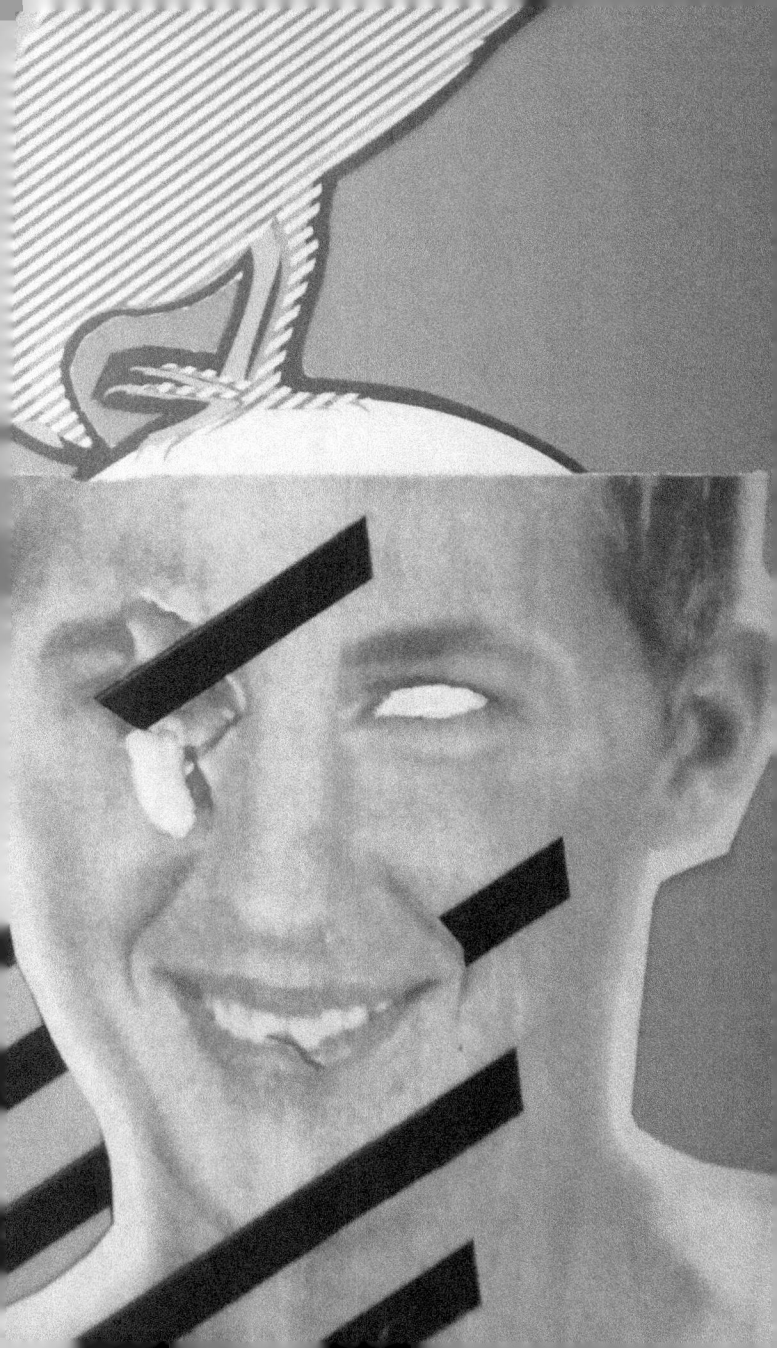

Who is to judge the aesthetic merits of Post-Nuclear Objectivist arts?

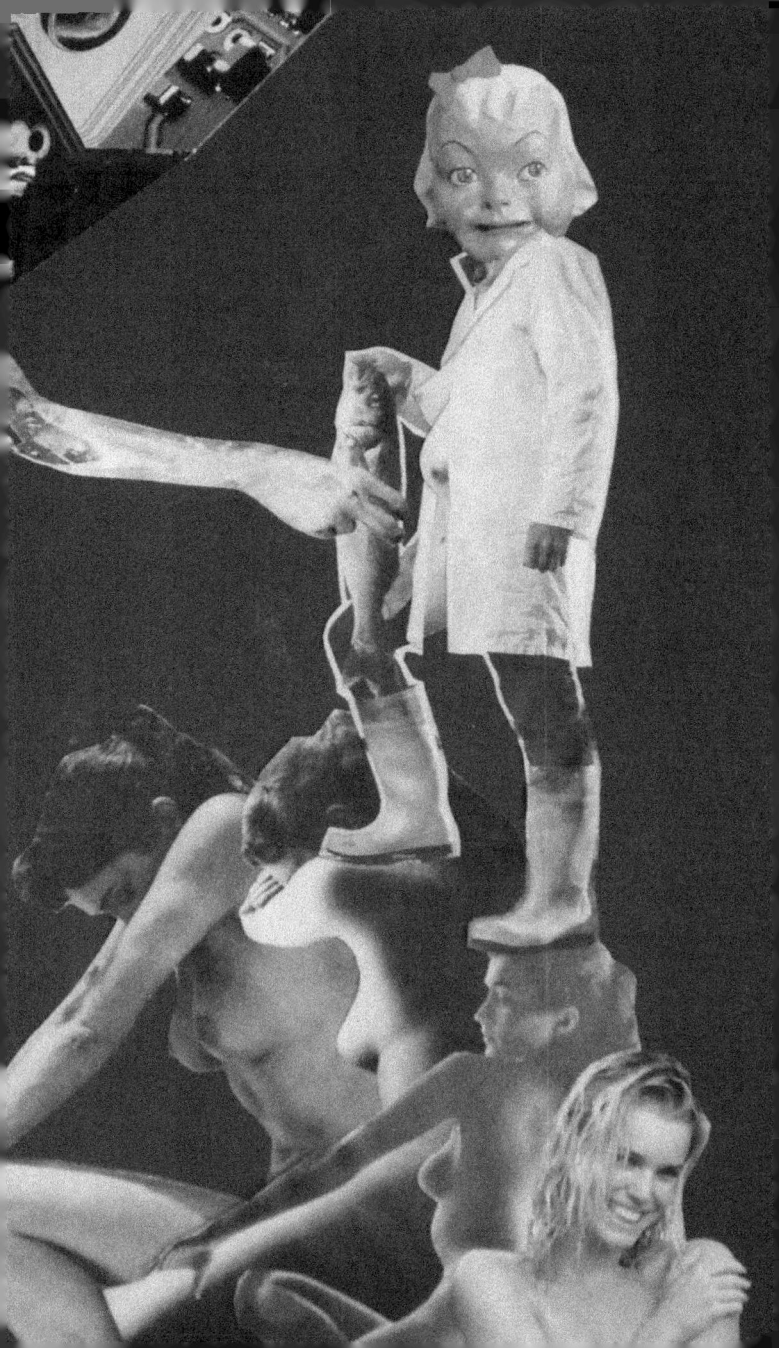

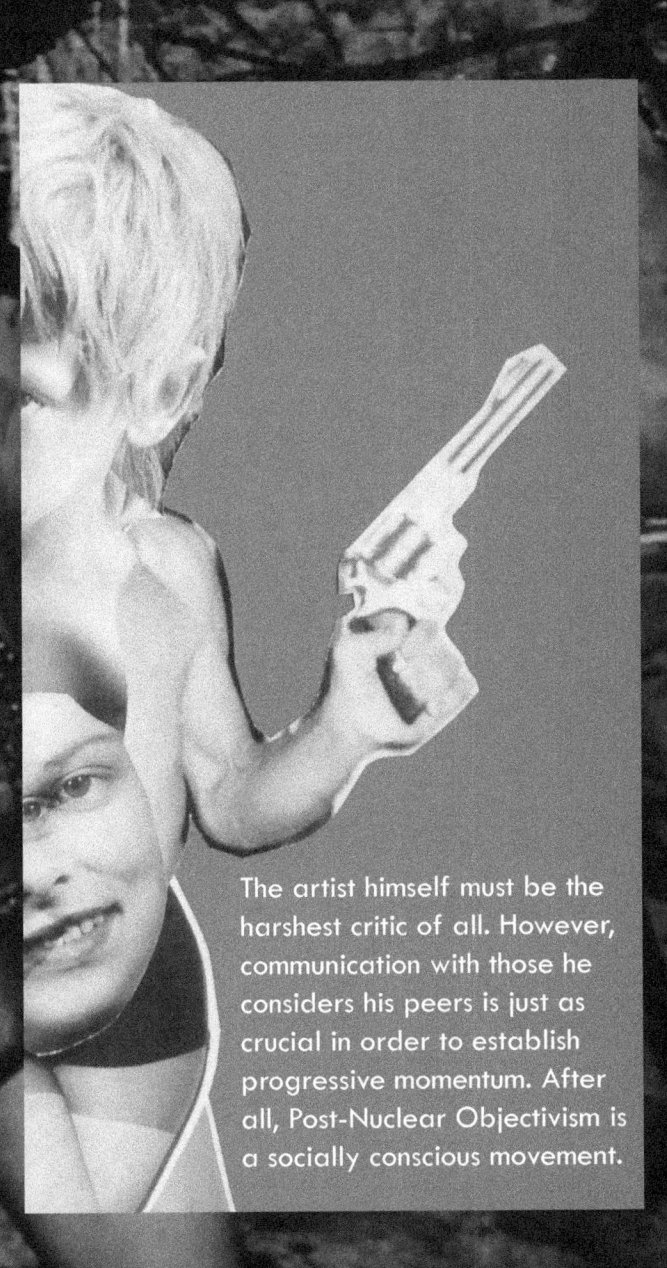

There is no universal style which engenders our aims. We only require that those who wish to participate in our project create that, which reflects what they consider to be real. Dogma, in its many incarnations, is no better than a prison for the human condition. Therefore, we relinquish any authoritative claim to the movement. Feline Vomitus has no leaders or boundaries. We encourage the organic transmutation of ideas. There is no room for megalomania in our collective struggle for survival. Consider us your moral compass which guides your reassessment of what is truly important. It is imperative to point out at this concluding moment that we do not pretend to know everything. It is up to all of us to explore outer and inner space and share our experiences. The journey is the destination.

Post Script

Although we realise that the publication of this manifesto opens up the floor to criticism from academics, critical theorists, politicians and a myriad of countless other representatives of petit-bourgeois culture (the ideal commodity — the one which helps to sell all others), we cannot help but laugh at their masturbatory deliberations. Defend your beached behemoth all you like - empty words will only amount to more toxic gasses being excreted into our atmosphere. Suffocation is inevitable.

Your end is nigh.

www.ingramcontent.com/pod-product-compliance
Lightning Source LLC
Chambersburg PA
CBHW072301170526
45158CB00003BA/1145